もくじ 東京書籍版 国語 5年 準拠

教科書の内容

教科書

教科書

教科書の区切り

きほん **1**

おにぎり石の伝説 （1）

1 ──の漢字の読みがなを書きましょう。　一つ7〔49点〕

( )　(1) 確かにある。
( )　(2) とつぜんの出現。
( )　(3) 一個の石。
( )　(4) 高い確りつ。
( )　(5) 四つ葉をさがす。
( )　(6) 複数の人。
( )　(7) 名字をよぶ。

2 次の様子を表す言葉の意味をア〜オから選んで、記号で答えましょう。　一つ6〔30点〕

(1) みょうだ　（　）
(2) 貴重だ　（　）
(3) まぬけだ　（　）
(4) 冷静だ　（　）
(5) ユニークだ

ア とても大切な様子。
イ 独特な様子。
ウ 不思議な様子。
エ 落ち着いている様子。
オ 考えが足りず、ぼけている様子。

3 ──の言葉の使い方が正しいほうに、○を付けましょう。　一つ7〔21点〕

(1)
ア（　）親友との再会に、むねをおどらせる。
イ（　）不安なことを思い出して、むねをおどらせる。

(2)
ア（　）話がもりあがるように、水を差す。
イ（　）余計なことを言って、水を差す。

(3)
ア（　）テストで悪い点を取って、かたを落とす。
イ（　）無理にがんばりすぎないように、かたを落とす。

答えは 65ページ

修了テスト 65ページ

かくにん 1

おにたのぼうし (1)

教科書 16～30ページ

月　日

/100点

10分

1 □にあてはまる漢字を書きましょう。 1つ5〔20点〕

(1) □

(2) □□の　ウラニワ　の組。

(3) □　に見た。

(4) □□　の組。

2 次の文から、まちがって使われている漢字を見つけ、正しく書き直しましょう。 1つ10〔20点〕

(1)

(2)

(3)

(4)

3 次の動きを表す言葉の意味を下から選んで、──でつなぎましょう。 1つ4〔20点〕

(1) 雲の間から太陽が表れる。

(2) 物の個数を数える。

(3) さまざまな理由を組み合わせて考える。

(4) 正しな事実を書きとめる。

　　・うつる　　・ア　様子を見る。

　　・おぼえる　・イ　はっきり区別して見る。

　　・とらえる　・ウ　おもてに動いてくる。

　　・まとめる　・エ　なんこあるかしらべる。

　　・ながれる　・オ　見たわすれないように見つける。

月　日

/100点

おにぎり石の伝説 ②

1 ──の漢字の読みがなを書きましょう。　1つ8〔64点〕

（1）　絶句する。　　　（2）　夢がかなう。　　　（3）　久しぶりに会う。

（4）　主人公の心情。　（5）　想像する。　　　　（6）　夢中になる。

（7）　持久走をする。　（8）　情け深い人。

2 次の漢字は何画で書きますか。漢数字で書きましょう。　1つ4〔8点〕

（1）　夢（　　　）画　　　（2）　像（　　　）画

3 次の説明に合う言葉をア〜キから選んで、記号で答えましょう。

1つ4〔28点〕

（1）　物事の力がはかのものにもおよぶこと。　　　　　　　　　　（　　　）

（2）　人をひきつけて、熱中させる力。　　　　　　　　　　　　　（　　　）

（3）　働きかけによって起こる物事の動き。　　　　　　　　　　　（　　　）

（4）　物事のねうち。　　　　　　　　　　　　　　　　　　　　　（　　　）

（5）　あることが起こったと信じられて、広まっていること。

（　　　）

（6）　心がはげしくゆさぶられること。　　　　　　　　　　　　　（　　　）

（7）　物事を行うのにちょうどよいとき。　　　　　　　　　　　　（　　　）

ア　えいきょう　イ　反のう　ウ　みりょく　エ　伝説

オ　しょうげき　カ　かち　キ　タイミング

東書版・国語5年—6

かくにん 2

おにぎりの伝説 (2)

教科書 16〜30ページ

月　日

/100点

10分

1 □に当てはまる漢字を書きましょう。　1つ10[50点]

(1) 母は　[　　]　へ行った。

(2) [　　]　を語る。

(3) ひ[　　]に集まる。

(4) [　　]　の読解。

(5) 気持ちを　[　　]　する。

2 ——の言葉を、漢字と送りがなで書きましょう。　1つ10[30点]

(1) 本当のことがあかされる。　（　　　　　）

(2) 地中から芽があらわれる。　（　　　　　）

(3) 火種をたやす。　（　　　　　）

3 （　）に当てはまる言葉を、□から選んで書きましょう。　1つ5[20点]

(1) 運動にとられる時間は（　　　　）一日三十分だ。

(2) ひみつを（　　　　）話してしまう。

(3) 作者に会って（　　　　）本が好きになる。

(4) 野菜は（　　　　）好きだ。

> うっかり
> ばっちり
> ますます
> はじめに
> ついに
> むしろ

きほん **3**

漢字を使おう1

10分　/100点

1 ──の漢字の読みがなを書きましょう。　1つ6〔54点〕

(1) 増益の割合。
(2) 家と家の境。
(3) 境界線を引く。
(4) 正義感がある。
(5) 衛生面の管理。
(6) 眼球の検査。
(7) 友達を救う。
(8) 救急車が走る。
(9) 停止する。

2 □に当てはまる漢字を書きましょう。　1つ5〔40点〕

(1) しゅうまつ □□の予定。
(2) 学校を けっせき □□する。
(3) 正しい ほうほう □□。
(4) ひつよう □□になる。
(5) にゅうよく □□の時間。
(6) 氷で ひ □やす。
(7) とくこう □□な薬。
(8) かぜが なお □る。

3 「増」の二通りの読みがなを書きましょう。　1つ3〔6点〕

(1) 量が増える。
(2) 人数が増す。

答えは65ページ

東書版・国語5年—8

かくにん 3

漢字を使おう１

教科書 31ページ

月　日

10分　/100点

---

1 □に当てはまる漢字を書きましょう。　1つ5〔40点〕

(1) [　] する。

(2) [　] を定める。

(3) [　] が強い。

(4) [　] 食品

(5) 命を [　]。

(6) 信号で [　] する。

---

2 ——の言葉を漢字に、〜〜の言葉を漢字とおくりがなに直して、文を書き直しましょう。　全部できて1つ10〔30点〕

(1) しあいにかつことはかくじつです。

[　　　　　　　　　　　　　　]

(2) かれはてんさいといわれ、すばらしいげいじゅつをのこした。

[　　　　　　　　　　　　　　]

(3) やさいがおおいほうが、けんこうにいいそうだ。

[　　　　　　　　　　　　　　]

---

3 □に当てはまる、部首が同じ漢字を書きましょう。　1つ5〔10点〕

(1)
[　] が
演
説

(2)
人工 [　]
星

きほん **4**

図書館へ行こう
季節の足音——春

10分

/100点

1 ——の漢字の読みがなを書きましょう。 一つ6〔36点〕

(1) 目的に応じる。　(2) 資料を選ぶ。　(3) 現在の時こく。

(4) 国内を調査する。　(5) 最新の情報。

(6) 思いに応える。

2 次の漢字と□□の漢字を合わせて熟語を作りましょう。 一つ8〔32点〕

(1) 応…□□　　(2) 資…□□

(3) 在…□□　　(4) 報…□□

┌──────────┐
│ 庫・速 │
│ 用・金 │
└──────────┘

3 次の説明に合う言葉をア〜エから選んで、記号で答えましょう。 一つ8〔32点〕

(1) 言葉の意味や使い方などを知りたいときに使う。 （　　）

(2) 世界や日本の現在の様子を表やグラフでまとめてあり、数量的な変化を確かめたいときに使う。 （　　）

(3) あらゆる問題や統計の新しい情報について、すぐに知りたいことに使う。 （　　）

(4) さまざまな分野の事がらについて、大まかなことを知りたいことに使う。 （　　）

ア　統計資料　　イ　インターネット

ウ　国語辞典　　エ　百科事典

答えは66ページ

東書版・国語5年→10

かくにん 4

季節の足音——春
図書館へ行こう

教科書 32～37ページ

月　日

10分
／100点

❶ □に当てはまる漢字を書きましょう。　1つ8〔40点〕

(1) □□（き ぼう）に ……

(2) □□（　）……

(3) 新しい □（げ）…… 。

(4) □□（ちょう し）……の記録。

(5) 新しい □□（じょう ほう）の すがた。

❷ □に当てはまる同じ読み方がする漢字を書きましょう。　1つ6〔36点〕

(1) 期待に □える。
　　正解を □たえる。

(2) 多大な □える。
　　□合に勝つ。

(3) □へる。
　　□道番組。

❸ ア～クの言葉を季節に分けて、記号で答えましょう。　1つ3〔24点〕

(1) 春 …（　）・（　）
(2) 夏 …（　）・（　）
(3) 秋 …（　）・（　）
(4) 冬 …（　）・（　）

ア 立秋（りっしゅう）
イ 大雪（たいせつ）
ウ 穀雨（こくう）
エ 夏至（げし）
オ 大暑（たいしょ）
カ 大寒（だいかん）
キ 秋分（しゅうぶん）
ク 春分（しゅんぶん）

答えは66ページ

きほん 5 知りたいことを聞き出そう 敬語

1 ——の漢字の読みがなを書きましょう。 1つ10〔60点〕

(1) 知識を得る。
(2) 行う際の注意。
(3) 質問する。

(4) 場所を移る。
(5) 総合的に考える。
(6) 内容がちがう。

2 （　）に当てはまる言葉をあとから選んで、記号で答えましょう。 1つ5〔15点〕

(1) ピアノを習っている（　）、こちらは好きな曲は何ですか。
　ア とはいえ　イ ところですが　ウ としても

(2) こまったときは（　）聞き方をしたらよいですか。
　ア どんな　イ 特に　ウ ならべく

(3) 家の近所より駅を歩くときのほうが周囲に人が多いですね。
　（　）、駅のほうが注意する場面は多いのでしょうか。
　ア でも　イ きっと　ウ そうすると

3 ——の敬語の種類をア〜ウから選んで、記号で答えましょう。

1つ5〔25点〕

(1) わたしが先生に感謝の気持ちを申しあげる。　（　）
(2) ピアノの発表会は、今週の金曜日です。　（　）
(3) 校長先生がおっしゃることをよく聞く。　（　）
(4) わたしが飲み物をお運びする。　（　）
(5) お客様が、かさをお使いになる。　（　）

　ア 尊敬語　イ けんじょう語　ウ ていねい語

かくにん **5**

敬語
知りたいことを聞き出そう

教科書 38〜43ページ

月　日　名前

10分　/100点

◀ **1** □にあてはまる漢字を書きましょう。　1つ10点[60点]

(1) 品物を□える。

(2) □手する。

(3) 先生に□る。

(4) 別の部屋に□す。

(5) □する。　□的な順位。

(6) 同じ□にする。

---

2 上の漢字と下の漢字が似た意味になるように、□にあてはまる漢字を書きましょう。　1つ5点[10点]

(1) 取□　と　□

(2) 動□　と　□

◀ **3** ──の敬語の使い方が正しい方に、○を付けましょう。　1つ6点[30点]

(1) ア（　）お客様が料理をいただく。
　　 イ（　）お客様が料理をめしあがる。

(2) ア（　）体を大事にしてください。
　　 イ（　）お体を大事にしてください。

(3) ア（　）明日、わたしの姉がいらっしゃいます。
　　 イ（　）明日、わたしの姉が来る予定です。

(4) ア（　）先生が、わたしの姉の宿題をほめられる。
　　 イ（　）先生が、わたしの姉の授業に参加する。

(5) ア（　）わたしから市長に考えを申しあげる。
　　 イ（　）わたしから市長に考えをお伝えする。

インターネットは冒険だ （1）

1 ——の漢字の読みがなを書きましょう。 一つ8〔48点〕

(1) 楽しい冒険。（　　　）

(2) 所属する。（　　　）

(3) 宇宙飛行士（　　　）

(4) 入り混じる。（　　　）

(5) 自然災害（　　　）

(6) 険しい表情。（　　　）

2 次の言葉の意味を下から選んで、——で結びましょう。 一つ5〔40点〕

(1) 特徴 ・　　　・ア 広がって散らばること。

(2) 発信 ・　　　・イ ほかのものより目立つ点。

(3) 所属 ・　　　・ウ 情報などを知らせること。

(4) 出所 ・　　　・エ とてもはげしいこと。

(5) 共有 ・　　　・オ かた苦しく考えず、こだわらないこと。

(6) 拡散 ・　　　・カ 一つのものを二人以上がともに持つこと。

(7) 過激 ・　　　・キ 物事が出てくる元になるところ。

(8) 気軽 ・　　　・ク 人や物が団体の一員や一部になること。

3 ——の漢字の三通りの読みがなを書きましょう。 一つ4〔12点〕

(1) 駅が混む。（　　　）

(2) 公私を混同する。（　　　）

(3) クリームを混ぜる。（　　　）

答えは66ページ

6

教科書 44〜54ページ

トンボやバッタは冒険だ (1)

こくにん

月　日

10分　／100点

---

1 □に当てはまる漢字を書きましょう。 1つ8[40点]

(1) 目をつけて。　ほ

(3) 宇宙に行く。　うちゅう

(5) にがい　をになえる。

(2) チームに　く　する。

(4) にがて　にしている。　き

---

2 □に当てはまる、部首が同じ漢字を書きましょう。 1つ6[36点]

(1) ① 危険な仕事。　けん
　　② 実さい　に見る。

(2) ① 水をかける。　ま
　　② みたす。

---

3 次の説明に当てはまる言葉をあとのア〜ウから選んで、記号で答えましょう。 1つ8[24点]

(1) 話題や問いを示したり、筆者の考えのもとになるものを入れたところ。（　　）

(2) 序論と本論を受けて、話題や問いに対する答えをまとめたところ。（　　）

(3) 話題や結論に向けて、内容や事例や理由を挙げながら、筆者の考えをくわしく説明したりするところ。（　　）

ア 序論

イ 本論

ウ 結論

1 ──の漢字の読みがなを書きましょう。　1つ7〔56点〕

(1) 原因を調べる。　(2) 興味を持つ。　(3) 過激な行動。

(4) 危険性がある。　(5) 本の構成。　(6) 直接のべる。

(7) 復興をねがう。　(8) 過ぎ去る。

2 ──の言葉の意味をア〜エから選んで、記号で答えましょう。

1つ8〔32点〕

(1) 冒険には危険がともなう。　（　　）

(2) うわさ話を真に受ける。　（　　）

(3) 広い野原をかけめぐる。　（　　）

(4) 景気が不調におちいる。　（　　）

ア 走り回る。　イ ついてくる。

ウ 悪いじょうたいになる。　エ そのまま受け取る。

3 ──の言葉が修飾している部分に〜〜〜を引きましょう。　1つ4〔12点〕

(1) パーティーに さまざまな 食べ物を 持ち寄る。

(2) 先生は すぐに 国語の 宿題を 集めた。

(3) いつのまにか ものの 見方が 変化した。

答えは66ページ

かくにん 7

イ インターネットは宝島だ(2)

教科書 44〜54ページ

月　日

/100点　10分

---

1 □に当てはまる漢字を書きましょう。　1つ8[40点]

(1) 事故に
　[　けん　にん　]

(3) 激しを
　[　が　]な発言。

(5)
　[　わたし　ちゃん　せん　]

(2)
　[　がい　こよう　]

(4) 事の危険
　[　せい　]な。

---

2 似た意味の漢字の組み合わせの熟語を□に書きましょう。　1つ9[36点]

(1) [　かい　わ　]の話

(3) [　さい　はっ　]の発生

(2) [　でん　げん　]電源の

(4) [　にん　めい　]人命

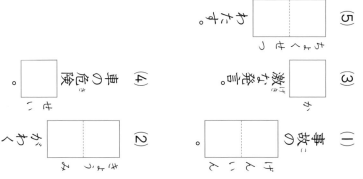

---

3 （　）に当てはまる言葉をア〜ウから選んで、記号で答えましょう。　1つ8[24点]

ア 情報はあくまで情報で、確かということに混ざっている場合がある。

イ 事実に正しく関係なく、正確に欠点が多い。

ウ いろいろなところへ広まるものもあるのだ。

(1) インターネットは便利で、情報が（　）長所が多い。

(2) インターネットは、情報が広まる（　）場合がある。

(3) だから、わたしはそれをもとにして、一方へ広がるもので（　）。

きほん 8

漢字を使おう2
情報のとびら　事実と考え
地域のみりょくを伝えよう

1 ──の漢字の読みがなを書きましょう。　1つ5〔40点〕

(　　　　)　(　　　　)　(　　　　)

(1) 赤で示す。　(2) 指示を待つ。　(3) 禁止する。

(　　　　)　(　　　　)　(　　　　)

(4) 友人との雑談。　(5) 酸味がある。　(6) オペラの独唱。

(　　　　)　(　　　　)

(7) 快く思う。　(8) 意識する。

2 □に当てはまる漢字を書きましょう。　1つ5〔60点〕

(1) ［ぼくじょう］の牛。

(2) ［とうだい］の明かり。

(3) 山が［つらなる］。

(4) ［うしぎき］な話。

(5) ［しぜん］の美しさ。

(6) 船で［りょこう］に出る。

(7) ［みんげいひん］を買う。

(8) ［おうきゅう］をたてる。

(9) ［むじんとう］に行く。

(10) ［ぐん］という区画。

(11) ［みやぎけん］の地形。

(12) ［ろうほう］をかける。

東書版・国語5年—18

かくにん 8

漢字のひろげ2
情報のとりあつかい
地域のみりょくを伝えよう 事実と考え

教科書 55〜63ページ

月　　日

10分　／100点

---

1 □に当てはまる漢字を書きましょう。 1つ8点【56点】

(1) 正解を
［かくにん］する。

(2) 私語を
［きんし］する。

(3) ［せいかい］
を待ちしています。

(4) ［べんきょう］
が強い。

(5) 歌手の
［こうえん］。

(6) 天気は
［かいせい］だ。

(7) 目標を
［たっせい］する。

---

2 次の文から、まちがって使われている漢字を正しくあらため、書き直しましょう。 1つ8点【24点】（両方できて1つ）

列車は海の低いトンネルを通り、反行場のある町に着きました。

□ ← □ ← □ ← □

---

3 「事実」が書かれている文には「ア」、「考え」が書かれている文には「イ」を答えましょう。 1つ5点【20点】

(1) 新宿駅は交通の便がよい。（　）

(2) 来月の修学旅行は広島県へ行く予定です。（　）

(3) わたしの家から学校までは約五分です。（　）

(4) みんなは、たぶん明日から旅行で広島県に行けばわれわれは物を紹介しなければならないだろう。（　）

漢字の成り立ち

1 ──の漢字の読みがなを書きましょう。

1つ5〔30点〕

(1) 清潔にする。　（　　　）

(2) 対比する。　（　　　）

(3) 大河をわたる。　（　　　）

(4) 精神の安定。　（　　　）

(5) 本の出版。　（　　　）

(6) 高さを比べる。　（　　　）

2 次の漢字の成り立ちをア〜エから選んで、記号で答えましょう。

1つ5〔45点〕

(1) 下　（　　）　　(2) 岩　（　　）　　(3) 鳥　（　　）

(4) 板　（　　）　　(5) 目　（　　）　　(6) 林　（　　）

(7) 山　（　　）　　(8) 個　（　　）　　(9) 未　（　　）

ア　物の形をかたどったもの（象形文字）

イ　事がらを印などで示したもの（指事文字）

ウ　二つ以上の漢字の意味を合わせたもの（会意文字）

エ　音を表すところと意味を表すところを組み合わせたもの（形声文字）

3 次の漢字の音を表す部分を漢字で、その音をひらがなで書きましょう。

両方できて1つ5〔25点〕

(1) 校　□　（　　　）

(2) 精　□　（　　　）

(3) 版　□　（　　　）

(4) 課　□　（　　　）

(5) 救　□　（　　　）

答えは67ページ

月　日

/100点　10分

---

1 □にあてはまる漢字を書きましょう。 1つ8点【40点】

(1) ⬜ 。（せいけつ）

(2) ⬜ の人々。（おおぜい）

(3) ⬜ の流れ。（たいが）

(4) ⬜ してのべる。（ほそく）

(5) ⬜ 社で働く。（かい）

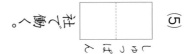

---

2 次の漢字のうち、ほかの漢字と成り立ちがちがうものを1つ選んで、記号で答えましょう。 1つ9点【36点】

(1) ア 鳴　イ 下　ウ 岩　エ 森 　（　　）

(2) ア 上　イ 山　ウ 門　エ 休 　（　　）

(3) ア 三　イ 日　ウ 末　エ 本 　（　　）

(4) ア 鳥　イ 馬　ウ 板　エ 川 　（　　）

---

3 □にあてはまる漢字を書きましょう。 1つ6点【24点】

(1) 心 ＋ 田 ＝ ⬜

(2) 力 ＋ 口 ＝ ⬜

(3) 日 ＋ 月 ＝ ⬜

(4) 羽 ＋ 白 ＝ ⬜

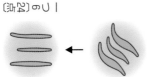

きほん10

いにしえの言葉に親しもう

10分　/100点

1 ——の漢字の読みがなを書きましょう。　一つ7〔56点〕

(1) 勢いが強い。

(2) 織り交ぜる。

(3) 紀行文を書く。

(4) 永遠に残る。

(5) 強い意志。

(6) よい運勢。

(7) 会社の組織。

(8) 永い年月。

2 ——の漢字の読みがなを書きましょう。　一つ6〔12点〕

(1) 医者を志す。　（　　　　　）

(2) 志が高い人。　（　　　　　）

3 言葉の意味が正しいほうに、○を付けましょう。　一つ8〔32点〕

(1) 分け入る
　ア（　　）かきを分けて中に入る。
　イ（　　）切って二つに分ける。

(2) おり高ぶる
　ア（　　）楽しくて気分が高まる。
　イ（　　）えらそうにふるまう。

(3) はかない
　ア（　　）力強くて長続きする様子。
　イ（　　）すぐに消えていく様子。

(4) とどめない
　ア（　　）まとまりがない。
　イ（　　）止まらず長すぎる。

答えは67ページ

かくにん
10

いろいろな言葉に親しもう

教科書 66〜71ページ

月　日

（10分）

/100点

---

1 □にあてはまる漢字を書きましょう。1つ8点[40点]

(1) □（い）がある。

(2) お金を□（つ）せる。

(3) □がある。

(4) □を読む。

(5) □をつくる。

---

2 形に注意して、□にあてはまる漢字を書きましょう。1つ6点[36点]

(1)
① 会社の組□（しき）。
② □（ち）を生かす。

(2)
① 風□（き）をみだす。
② □（き）日を書く。

(3)
① 望□理由を書く。
② 武□（き）器を持った兵。

---

3 次の書き出しに続いて始まる古文をあとのア〜ウから選んで、記号で答えましょう。1つ8点[24点]

(1)（　）

(2)（　）

(3)（　）

ア 月日は百代の過客にして、行きかふ年もまた旅人なり……

イ 今は昔、竹取の翁といふ者ありけり。野山にまじりて竹を取りつつ、よろづのことに使ひけり。

ウ 祇園精舎の鐘の声、諸行無常の響きあり。

竹取物語

平家物語

世界でいちばんやかましい音

1 ──の漢字の読みがなを書きましょう。 一つ10〔60点〕

(1) 歴史に残る。（　　　　）
(2) 喜んで行う。（　　　　）
(3) 賛成する。（　　　　）

(4) 職場で話す。（　　　　）
(5) 人に任せる。（　　　　）
(6) 王が任命する。（　　　　）

2 ──の言葉の使い方が正しいほうに、○を付けましょう。 一つ10〔20点〕

(1)
ア（　）友達と久しぶりに会って<u>ほしい</u>。
イ（　）目標を達成できなくて<u>ほしい</u>。

(2)
ア（　）ほかに人がこなくて、プールで思い切り<u>およぐ</u>。
イ（　）風を受けて、庭の木の葉が<u>そよぐ</u>。

3 （　）に当てはまる言葉をあとから選んで、記号で答えましょう。
一つ4〔20点〕

(1) サイレンの（　　）音にびっくりしました。
　　ア すずしい　　イ けたたましい　　ウ うらやましい

(2) パーティーでは（　　）のごちそうをごちそうさまでした。
　　ア とびきり　　イ 持ちきり　　ウ つきっきり

(3) 給食の時間は全員で（　　）いただきますを言います。
　　ア いっせいに　　イ 勝手に　　ウ 急に

(4) （　　）の声で友達を応えんしました。
　　ア ありったけ　　イ みのだけ　　ウ ありったけ

(5) 雨のせいで、キャンプは（　　）になりました。
　　ア 底なし　　イ お構いなし　　ウ 台なし

かくにん 11 世界にひろがる日本語

教科書 72～88ページ

月 日

/100点 ⏱10分

---

1 □に当てはまる漢字を書きましょう。 1つ5〔20点〕

(1) れき□ を学ぶ。

(2) とても □いん のよい人。

(3) 全員が □さんせい する。

(4) 父の □こうし。

(5) 仕事を □まか せる。

---

2 ──の二つの漢字を使い分けて、正しいほうに○をつけましょう。 1つ5〔20点〕

(1) 〔ア ジ イ ジ〕 法律の勉強。 試験の勉強。

(2) 〔ア キ イ キ〕 新聞を見る。 劇を見る。

(3) 〔ア ジョ イ ジョ〕 学校の移転。 心臓が動く。

(4) 〔ア サ イ サ〕 料理の総サンを行う。 サンカする人数。

---

3 次の言葉の意味をア〜エから選んで、記号で答えましょう。 1つ5〔20点〕

(1) 不満 (　　)
(2) 勤員 (　　)
(3) 同じよう (　　)
(4) 考えに賛成する。両親のじゅぎょう。世界じゅう。悲しいかんじ。 (　　)

ア 最も大切であること。
イ 同じようであること。
ウ あるていなあこと。
エ 仕事場の仲間。

多くの人や物を集めること。
もの足りないと思うこと。

きほん 12 漢字を使おう3

10分 /100点

1 ——の漢字の読みがなを書きましょう。　一つ5〔30点〕

(1) 寺の仏像。

(2) 招待状を送る。

(3) 思いの外寒い。

(4) 息を殺す。

(5) 態度に表す。

(6) 仏をおがむ。

2 □に当てはまる漢字を書きましょう。　一つ5〔70点〕

(1) きゅうしょく □□当番

(2) 長さの □□。（たんい）

(3) たね □ をまく。

(4) がっしょう □□ コンクール

(5) じゅんばん □□ にならぶ。

(6) いっちょうえん □□ の予算。

(7) やくそく □□ の時間。

(8) しめい □□ を書く。

(9) とちょうそう □□ で勝つ。

(10) えいご □□ で話す。

(11) はんけい □□ 五メートル

(12) 学級委員の せんきょ □□。

(13) おく □ 万長者

(14) 朝顔の め □ が出る。

かくにん
12

教科書
89ページ

漢字を使おう3

月　日

10分

/100点

1 □にあてはまる漢字を書きましょう。　1つ5[25点]

(1) ［　　　］の展示。

(2) ［　　　　］にしゅうごう。

(3) ［　　　］に気配を。

(4) ［　　　］ど。です。

2 ——の言葉を漢字に、～～の言葉を漢字と送りがなに直して、文を書き直しましょう。　全部で1つ12[33点]

(1) しょくぶつえんのこうようがとてもきれいだ。

(2) しょうてんがいをあるいていくとたくさんの店がある。

(3) はこべのつぼみがぷっくりとふくらみ、ほっとした気もちになった。

3 □にあてはまる、部首が同じ漢字を書きましょう。　1つ9[27点]

(1) 生［　　　］。
地［　　　］。

(2) 悪い［　　　］。
くつ［　　　］。

(3) ［　　　］決。
固［　　　］。

きほん 13

言葉相談室　思考に関わる言葉

1 ──の漢字の読みがなを書きましょう。　　　1つ8〔72点〕

(1) 仮定する。　　（　　　）

(2) 断定する。　　（　　　）

(3) 判断する。　　（　　　）

(4) 予測する。　　（　　　）

(5) 条件による。　（　　　）

(6) 仮に用意する。（　　　）

(7) 出場を断る。　（　　　）

(8) 大判の紙。　　（　　　）

(9) きょりを測る。（　　　）

2 次の漢字の太い部分は何画目に書きますか。漢数字で書きましょう。
　　　　　　　　　　　　　　　　　　　　　1つ4〔16点〕

(1) 断（　　　）画目

(2) 条（　　　）画目

(3) 判（　　　）画目

(4) 仮（　　　）画目

3 【　】の判断の度合いに合うように、（　）に当てはまる言葉をア〜ウから選んで、記号で答えましょう。　　　1つ4〔12点〕

(1) 今年の夏は暑い（　　　）。

【もしかしたら…と仮定している】

(2) 今年の夏は暑い（　　　）。

【かなり強く確信している】

(3) 今年の夏は暑い（　　　）。

【おそらくそうなると予想している】

ア　だろう　　イ　にちがいない　　ウ　かもしれない

答えは68ページ

2

形に注意して、□に当てはまる漢字を書きましょう。 1つ5[30点]

(1) ① 身体（しんたい）　② 右が通行（つうこう）

(2) ① 合格（かく）　② 円の半径（はんけい）

(3) ① 設ける住宅（せっ・じゅうたく）　② 雑誌の出社（はっ）

3

次の言葉とにた意味をもつ言葉を下から選んで──で結びましょう。 1つ7[35点]

(1) ・　　　　　・ ア 関連する。

(2) ・　　　　　・ イ 考察する。

(3) 赤い紅葉を ・　　　　　・ ウ 参照する。

(4) 政府の方針と ・　　　　　・ エ 支持する。

(5) 実験結果から ・　　　　　・ オ 合意する。

1

□に当てはまる漢字を書きましょう。 1つ7[35点]

(1) □ とくしつ はんだんする。

(2) □ 強い

(3) 不可 □ かのうとくしつ はんだんする。

(4) タイムの □

(5) 伴を止す □ きん

かくにん **13**

言葉相談室　思考に関わる言葉

教科書 90〜91ページ

月　日

／100点　10分

新聞記事を読み比べよう
季節の足音——夏

1 ——の漢字の読みがなを書きましょう。　1つ5〔45点〕

(1)（　　　　）常に伝える。　(2)（　　　　）平均する。　(3)（　　　　）事件の報道。

(4)（　　　　）事故が起きる。　(5)（　　　　）政治の話題。　(6)（　　　　）紙面の編集。

(7)（　　　　）新聞の朝刊。　(8)（　　　　）日常の出来事。　(9)（　　　　）毛糸で編む。

2 新聞記事を構成する、次の言葉の意味をア〜エから選んで、記号で答えましょう。　1つ7〔28点〕

(1) リード（　　　） 　(2) 本文（　　　）

(3) 見出し（　　　） 　(4) キャプション（　　　）

ア　写真や図などにそえられた短い説明の文。

イ　ある出来事について「いつ」「どこで」「だれが」「何を」などの六つの要素をおさえて書かれたもの。

ウ　記事の中心を短い言葉で表したもの。

エ　記事の内容を短くまとめた、見出しの後に付くもの。

3 夏を表す言葉三つに、○を付けましょう。　1つ9〔27点〕

ア（　　）ぶどう 　イ（　　）雷 　ウ（　　）みかん

エ（　　）積乱雲 　オ（　　）虹 　カ（　　）かき

答えは69ページ

かくにん 14

季節の足音を感じよう
新聞記事を読み比べよう
夏

教科書 92〜103ページ

月 日

/100点　10分

---

1 □に当てはまる漢字を書きましょう。　一つ8[56点]

(1) ね□□に考える。

(2) □□をとる。

(3) じけん□□の真相を考える。

(4) じこ□□の現場。

(5) せいじ□□のニュース。

(6) 雑誌のへんしゅう□□。

(7) 今日のちょうかん□□を読む。

---

2 次の文から、まちがって使われている漢字を見つけ、□に正しく書き直しましょう。　一つ2[22点]

(1) 平場で運転を行う。　□←□

(2) 個数が近接になるように配る。　□←□

---

3 ( )に当てはまる言葉をあとから選んで、記号で答えましょう。　一つ10[20点]

(1) 試合は今月の二十( )、来週の日曜日にある。
ア にて　イ にも　ウ には

(2) ( )ものよりも、それに加え
ア それに加え
イ そのために
ウ ～によって

きほん **15**

未知く
心の動きを短歌で表そう
問題を解決するために話し合おう

1 ——の漢字の読みがなを書きましょう。

一つ7〔56点〕

(1) 印象を受ける。　（　）
(2) 基本のリズム。　（　）
(3) 修正案を作る。　（　）

(4) 適切な言葉。　（　）
(5) 順序をかえる。　（　）
(6) 問題の解決。　（　）

(7) 仕事が減る。　（　）
(8) 動物園の象。　（　）

2 ——の言葉の意味をア〜エから選んで、記号で答えましょう。

一つ6〔24点〕

(1) 未知のものと出会う。　（　）
(2) コップにあふれるほど水を注ぐ。　（　）
(3) 山の中で声がこだまする。　（　）
(4) 一目見て胸がときめく。　（　）

ア　いっぱいになってはなれる。
イ　どきどきする。
ウ　はね返って聞こえる。
エ　まだ分からないこと。

3 反対の意味になるように、　　　から　　に当てはまる漢字を選んで書きましょう。

一つ5〔20点〕

(1) 　　少 ⟷ 　　加

(2) 　　合 ⟷ 　　散

減　解　増　集

❶ □に当てはまる漢字を書きましょう。 1つ10点[70点]

(1) 初めの □□ 。

(2) □□ の課題。

(3) 問題の □□ 。

(4) □□ な対応。

(5) 運 □□ 。

(6) □□ に早い。

(7) 荷物が □ る。

❷ ──の言葉を、漢字と送りがなで書きましょう。 1つ5点[10点]

(1) フランス語を<u>おさめる</u>。

（　　　　　）

(2) 国を<u>おさめる</u>。

（　　　　　）

❸ 短歌の音の数え方をどのようにするか、何音になるか、漢数字で答えましょう。 1つ4点[20点]

(1) 自転車　　音（　　　）

(2) まつち　　音（　　　）

(3) すっち　　音（　　　）

(4) シーソー　音（　　　）

(5) 写真館　　音（　　　）

漢字を使おう4

1 ——の漢字の読みがなを書きましょう。　1つ6〔84点〕

(　)
(1) 資格を取る。

(　)
(2) 貯金の総額。

(　)
(3) 資金を貸し出す。

(　)
(4) 貧しい時代。

(　)
(5) 貧乏くじ。

(　)
(6) 評価の基準。

(　)
(7) 墓参りに行く。

(　)
(8) 墓地のそうじ。

(　)
(9) 先祖の功績。

(　)
(10) 山で迷う。

(　)
(11) 迷子になる。

(　)
(12) 述語を見つける。

(　)
(13) 明確に述べる。

(　)
(14) ねこの額。

2 □に当てはまる漢字を書きましょう。　1つ2〔16点〕

(1) にいがたけん のお米。

(2) とちぎけん のこちう。

(3) いばらきけん の白菜。

(4) しずおかけん のお茶。

(5) あいちけん の車。

(6) ぎふけん の名水。

(7) ぐんまけん のねぎ。

(8) かごしまけん の人口。

かくにん
16

漢字を使おう4

教科書
123ページ

月　日　　/100点　10分

---

1 □に当てはまる漢字を書きましょう。　1つ8[64点]

(1) ［し］［か］ の勉強

(2) ［そう］［がく］ 一万円

(3) 本の ［しゅっ］ ［ぱん］

(4) ［ ］ す ［ます］

(5) ［き］［ほん］ にいえる。

(6) ［は］［か］ のおばけ

(7) ［せ］［ん］ ぞからつたわる。

(8) 旅先で ［まよ］ う。

---

2 ──の言葉を漢字に直して、文を書き直しましょう。　全部できて1つ12[36点]

(1) かなづけのえき<u>がわ</u>の<u>ほんてつ</u>に<u>のって</u>います。

（記入欄）

(2) <u>しんかんせん</u>は<u>じかん</u>どおりにつきました。

（記入欄）

(3) <u>さいきん</u>、けんぶつきゃくが<u>ふえてきて</u>こみあっています。

（記入欄）

注文の多い料理店　(1)

1 ──の漢字の読みがなを書きましょう。

一つ8〔56点〕

(1) 大きな損害。（　　　）

(2) 西洋造り（　　　）

(3) 人に寄りそう。（　　　）

(4) 眼鏡をかける。（　　　）

(5) 非常に暑い。（　　　）

(6) 造花をかざる。（　　　）

(7) 寄生虫を調べる。（　　　）

2 次の言葉の意味を下から選んで、──で結びましょう。

一つ5〔35点〕

(1) かつぐ　　・　　・ア　細かいところまで行きとどくこと。

(2) 専門　　・　　・イ　区切りをつけて終わりにする。

(3) 切り上げる　・　　・ウ　はらうお金のこと。

(4) かんじょう　・　　・エ　ひとりひとり。それぞれ。

(5) めいめい　・　　・オ　熱心に待ち構えていること。

(6) 用意周とう　・　　・カ　特定分野のみを行うこと。

(7) したなめずり　・　　・キ　かたにのせて支える。

3 （　）に当てはまる言葉をア〜ウから選んで、記号で答えましょう。

一つ3〔9点〕

(1) 道を（　　）進んでいくと、大きな家がありました。

(2) 二人はこわくなり、（　　）ふるえました。

(3) となりの部屋から（　　）話し声が聞こえます。

ア　ずんずん　　イ　にそにそ　　ウ　がたがた

かくにん
17
注文の多い料理店
(1)

教科書
124〜144ページ

月　日
10分
/100点

1 □にあてはまる漢字を書きましょう。　1つ8[32点]

(1) そ□[き]がをうける。

(3) 気持ちに□[よ]り。を受ける。

(5) め□[が]ねを外す。

(2) せ□[　]い□の家。

(4) □[　]□とういつ。

2 □にあてはまる、部首が同じ二つの漢字を書きましょう。　1つ5[20点]

(1) ① □[　]ごの花。
　　② 夏が□[す]ぎる。

(2) ① □[　]だちに立つ。
　　② □[　]が出る。

3 ——の言葉と、同じ意味で使われているほうに、○をつけなさい。　1つ5[20点]

(1) 駅前は開けている。

　ア（　）タイヤがパンクしていたので、運ぶことができた。

　イ（　）だんだんと町がにぎやかになって、高いビルも建ってきた。

(2) 温かいこもの。

　ア（　）れんしゅうをして、元気が出てきた。

　イ（　）いろいろなものを食べたので、おなかがいっぱいになった。

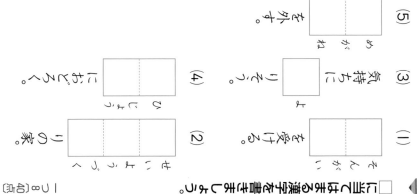

注文の多い料理店 ②

1 ——の漢字の読みがなを書きましょう。 一つ8〔64点〕

(1) 予防する。　( )

(2) 気の毒に思う。　( )

(3) 責任を負う。　( )

(4) 戸をつき破る。

(5) 枝を折る。

(6) りょう師の仕事。

(7) 風を防ぐ。

(8) 人を責める。

2 □に当てはまる漢字を、 から選んで書きましょう。 一つ4〔16点〕

(1) ① 料理を□る。

② 船を□る。

造　作

(2) ① 試合に□れる。

② 服が□れる。

敗　破

3 次の言葉の意味をア〜オから選んで、 記号で答えましょう。 一つ4〔20点〕

(1) とほうもない　( )

(2) 痛快　( )

(3) まごつく　( )

(4) なんぎ　( )

(5) 見くびる　( )

ア 相手を軽く見る。

イ とてつもない。なみ外れている。

ウ とてもゆかいで気持ちがいいこと。

エ どうするべきか迷ってしまう。

オ 苦労すること。

かくにん **18**

注文の多い料理店 (2)

教科書
124ページ
144ページ

月　日

/100点　10分

---

1 □に当てはまる漢字を書きましょう。　1つ5点〔60点〕

(1) かぜ の ほう こう。 □□

(2) □□ き の へん か。

(3) ある こう どう。 □□

(4) □□ かん しん。

(5) さくら の 木。 □

(6) □□ しごと と ... が 仕留める。

---

2 □に当てはまる漢字を、あとのア～ウから選んで、□に共通する漢字を書きましょう。　両方できて1つ5点〔10点〕

(1) □（　）
ア ヒ口をとなえる。
イ ヒ常な物語。
ウ ヒ劇の結末。

(2) □（　）
ア セキ任を果たす。
イ セキ重を果たす。
ウ セキ算の合計。

---

3 次の――の言葉の意味をあとから選んで、――で結びましょう。　1つ5点〔30点〕

(1) かせつ・　　　・ア ...

(2) たいじゅう・　　　・イ 完全に。

(3) かいけつ・　　　・ウ すべて。

(4) かんまつ・　　　・エ ...

(5) にわかに・　　　・オ かなり...

漢字を使おう5
言葉相談室 どうやって文をつなげればいいの？

1 ――の漢字の読みがなを書きましょう。 一つ5〔40点〕

( )　　( )　　( )

(1) 圧力を感じる。 (2) 国営の農場。 (3) 価値のある本。

( )　　( )　　( )

(4) 制度が整う。 (5) 新米の季節。 (6) 畑の肥料。

( )　　( )

(7) 旧式の機械。 (8) 逆接の関係。

2 □に当てはまる漢字を書きましょう。 一つ5〔60点〕

(1) ｜ぼうえんきょう｜ をのぞく。

(2) ｜ひょうごけん｜ の名産。

(3) ｜ならけん｜ の大仏。

(4) ｜はくぶつかん｜ の展示。

(5) ｜うめ｜ の花がさく。

(6) ｜せんきょりょう｜ が日本一。

(7) ｜おおさかふ｜ の方言。

(8) ｜まんいん｜ の電車。

(9) ｜きょうと｜ のお寺。

(10) 朝の ｜さんぽ｜ 。

(11) 道を ｜あんない｜ する。

(12) 大きな ｜だてもの｜ 。

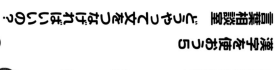

かくにん 19

漢字を使おう5　言葉相談室
ぴったりな文をなげかけよう？

教科書 145〜147ページ

東書版・国語5年—40

月　日

10分　／100点

1 □に当てはまる漢字を書きましょう。　一つ10〔70点〕

(1) 強い　□（きょうてき）

(2) □□（せつび）の施設

(3) 作品の　□（か）値（ち）

(4) 新しい　□□（せいど）

(5) □□（ひりょう）の効果

(6) □□（しゅうかん）のテレビ

(7) □□（けいしき）の表現

2 ——の言葉を漢字に直して、文を書き直しましょう。　全部できて〔10点〕

にほんにいた、いくにんきがあるしほんにいた。

（答え）□□□□□□□□□□

3 次の文に合う言葉のほうに、○を付けましょう。　一つ10〔20点〕

(1) わたしは、ピーマンがきらいだ。
　　｛ア（　）なぜなら
　　　イ（　）だから　｝苦くて食べられない。

(2) 昨日は雨だった。
　　｛ア（　）しかし
　　　イ（　）つまり　｝今日は晴れた。

和の文化を受けつぐ——和菓子をさぐる
和の文化を発信しよう
季節の足音——秋

1 ——の漢字の読みがなを書きましょう。 1つ4〔48点〕

(1) 伝統的な行事。（　　　）

(2) 小麦の粉。（　　　）

(3) 輸入する。（　　　）

(4) 技術が進む。（　　　）

(5) 人を支える。（　　　）

(6) 木型を使う。（　　　）

(7) 再発見する。（　　　）

(8) 限らない。（　　　）

(9) 効果的な薬。（　　　）

(10) 花粉がまう。（　　　）

(11) 銀行の支店。（　　　）

(12) 再び出会う。（　　　）

2 次の言葉の意味を下から選んで、——で結びましょう。 1つ7〔28点〕

(1) 確立　　　　　・　　　・ア 物事が定着する。

(2) 根付く　　　　・　　　・イ 見出しや画像の配置を決めること。

(3) わり付け　　　・　　　・ウ しっかりと作り上げること。

(4) 目を引く　　　・　　　・エ 注意を向けさせる。

3 （　）に当てはまる言葉をあとから選んで、記号で答えましょう。 1つ8〔24点〕

(1) サドル（　　）、自転車などの人がすわる部分のことです。

ア とは　　イ では　　ウ しか

(2) 三月三日のももの節句は、ひな祭りと（　　）ます。

ア よばれ　　イ 示され　　ウ 外され

(3) 漢字は中国から伝わったと（　　）います。

ア いって　　イ いわれて　　ウ いわずに

かくにん 20

実書版・国語5年—42

教科書 148～169ページ

季節の足音を発信しよう——秋
和の文化を受けつぐ——和菓子をさぐる
和の文化を発信しよう

10分　／100点

3 秋を表す言葉に、二つ○をつけましょう。 一つ5点[10点]

ア（ 　 ）如月
イ（ 　 ）夕立
ウ（ 　 ）名月
エ（ 　 ）ちょうちょ
オ（ 　 ）かえる
カ（ 　 ）初雪

2 〈例〉にならって、二つの言葉に分けましょう。 両方できて一つ6点[36点]

〈例〉 受けつぐ → （ 受ける ） + （ つぐ ）

(1) 結び付く → （ 　　 ） + （ 　　 ）

(2) 移り変わる → （ 　　 ） + （ 　　 ）

(3) 生み出す → （ 　　 ） + （ 　　 ）

(4) ふみ分ける → （ 　　 ） + （ 　　 ）

1 □に当てはまる漢字を書きましょう。 一つ6点[54点]

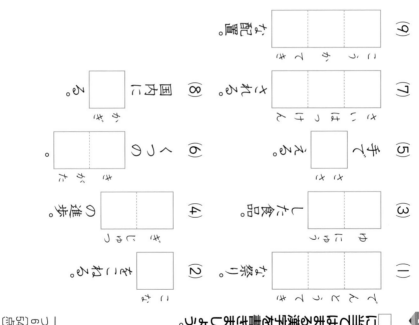

(1) ［でんとう］の祭り。

(2) ［に］ねる。

(3) ［ゆにゅう］した食品。

(4) ［ぎじゅつ］の進歩。

(5) ［ささ］える。

(6) ［　　］の［　　］った。

(7) ［さいしゅう］では［　　］。

(8) 国内に［　　］る。

(9) ［にっか］てきな配置。

熟語の構成と意味

1 ――の漢字の読みがなを書きましょう。　一つ5〔60点〕

(1) 動物の保護。（　　）

(2) 有名人の夫妻。（　　）

(3) 走って往復する。（　　）

(4) 耕具を使う。（　　）

(5) セミナーの受講。（　　）

(6) 無罪の判決。（　　）

(7) 不燃ごみ。（　　）

(8) 姿勢を保つ。（　　）

(9) 夫と妻。（　　）

(10) 土を耕す。（　　）

(11) 罪に問われる。（　　）

(12) 家宝が燃える。（　　）

2 次の熟語の構成について当てはまるものをア〜カから選んで、記号で答えましょう。　一つ4〔24点〕

(1) 高低（　　）

(2) 永久（　　）

(3) 古都（　　）

(4) 不満（　　）

(5) 消火（　　）

(6) 県立（　　）

ア 似た意味を表す漢字を組み合わせた熟語

イ 意味が対になる漢字を組み合わせた熟語

ウ 主語・述語の関係になっている熟語

エ 上の漢字が下の漢字の意味を修飾している熟語

オ 上の漢字が動作を、下の漢字がその対象を表す熟語

カ 上の漢字が下の漢字の意味を打ち消している熟語

3 ――の漢字の二通りの読みがなを書きましょう。　一つ4〔16点〕

(1) 色紙（　　）（　　）

(2) 上手（　　）（　　）

答えは70ページ

かくにん **21**

熟語の構成と意味

月　日

10分

／100点

---

1 □に当てはまる漢字を書きましょう。　1つ8点[56点]

(1) まよ□□のいぬ。

(2) 山田さんは□□□だ。

(3) お□□の一時間。

(4) 農業の□□。

(5) □□料の□□時間。

(6) □□□が決まる。

(7) □□□の日。

---

2 □に当てはまる同じ読みがなの漢字を書きましょう。　1つ8点[32点]

(1) ① 空で休む。　② 生命に□□人。

(2) ① 工場の□□。　② 再会する。

---

3 ——の漢字の使い方が正しいものに、○を付けましょう。　1つ6点[12点]

(1)
　ア（　）複数の人で行動する。
　イ（　）仕事へ復帰する。

(2)
　ア（　）家族構成。
　イ（　）映画の構想。
　ウ（　）練習会に出る。

提案します／一週間チャレンジ
和語・漢語・外来語

1 ——の漢字の読みがなを書きましょう。

一つ8〔56点〕

(1) 行事の提案。（　　　　　）

(2) 賞をおくる。（　　　　　）

(3) 公園の桜。（　　　　　）

(4) 銅メダル。（　　　　　）

(5) 貿易を行う。（　　　　　）

(6) 規則を守る。（　　　　　）

(7) 易しい課題。（　　　　　）

2 次の種類の言葉を　　　　から選んで、（　　）に書きましょう。

一つ4〔36点〕

(1) 和語　（　　　　　）（　　　　　）（　　　　　）

(2) 漢語　（　　　　　）（　　　　　）（　　　　　）

(3) 外来語（　　　　　）（　　　　　）（　　　　　）

テニス　　国家　　青空　　シャツ　　教室
川　　　　コーヒー　読書　　歩く

3 ——の漢字と同じ読み方をするほうに、○を付けましょう。　〔8点〕

安易な返事。
ア（　　）外国との交易。
イ（　　）容易に解く。

答えは70ページ

かくにん 22

和語・漢語・外来語

提案します！1週間チャレンジ

教科書 172〜177ページ

月 日

10分 ／100点

答え70ページ

---

3 ( )に当てはまる言葉を書きましょう。　1つ7点[28点]

和語	漢語	外来語
例　泳ぐ	水泳	スイミング
昼飯	(3)(　　　　)	(4)(　　　　)
宿	(1)(　　　　)	(2)(　　　　)

---

2 形に注意して、□に当てはまる漢字を書きましょう。　1つ6点[24点]

(1) ① □い時代です。

(1) ② □状をしらべる。

(2) ① 法□を見つける。

(2) ② 雨量を□る。

---

1 □に当てはまる漢字を書きましょう。　1つ8点[48点]

(1) 新しい□□。

(2) 有名な□□。

(3) 新しい□を見る。

(4) 金銀□。

(5) 外国の□□を見る。

(6) □□がきつい。

大造じいさんとがん

1 ——の漢字の読みがなを書きましょう。　1つ6〔54点〕

(1) 群れを率いる。　（　　　）
(2) 頭領のすがた。　（　　　）
(3) 強く引っ張る。　（　　　）
(4) きびしい指導。　（　　　）
(5) 計略にかかる。　（　　　）
(6) 飼いならす。　（　　　）
(7) 花弁が散る。　（　　　）
(8) 堂々と立つ。　（　　　）
(9) 正解へ導く。　（　　　）

2 次の言葉の意味をア〜カから選んで、記号で答えましょう。　1つ5〔30点〕

(1) 形跡　（　　）
(2) おとり　（　　）
(3) 目にもの見せる　（　　）
(4) 本のう　（　　）
(5) しとめられる　（　　）
(6) おどり　（　　）

ア ほかの動物をさそい出すために使う動物。
イ こらしめてひどい目にあわせる。
ウ 物事があったことを示すあと。
エ 生物が生まれつき持つ性質やのう力。
オ うちおとされる。　　カ 夜が明けるころ。

3 （　）に当てはまる言葉をア〜エから選んで、記号で答えましょう。　1つ4〔16点〕

(1) 何度も負けて（　　）思っていた。
(2) （　　）初心者として、あなどってはいけない。
(3) 相手のうまさに、思わず（　　）の声をもらした。
(4) 試合に勝って（　　）のえみをうかべる。

ア くやしく　イ 感たん　ウ だが　エ 会心

答えは70ページ

かくにん **23**

月　日

大道芸人
<small>だいどうげいにん</small>

教科書
178〜196ページ

10分

/100点

1 □に当てはまる漢字を書きましょう。
一つ6点[72点]

(1) 大群を□びきいる。

(2) 鳥の□□□□。

(3) □□に引っかかる。

(4) □□□を受ける。

(5) けいこうとうを立てる。

(6) 大家で□□□。

(7) 桜の□□か。

(8) □□□としった人。

2 形に注意して、□に当てはまる漢字を書きましょう。
一つ7点[21点]

(1) 手□□□書へ。

(2) 市□□□に会う。

(3) 父が□□から帰る。

3 ——の言葉と同じ意味で使われているほうに、○をつけましょう。
[7点]

友人の考えを持つことはむずかしいものだ。

ア（　）したこと

イ（　）したこと

きほん 24

漢字を使おう6
言葉相談室 心情を表す言葉

1 ——の漢字の読みがなを書きましょう。 1つ4〔28点〕

(1) ( ) 農婦のすがた。

(2) ( ) 綿をつめる。

(3) ( ) 綿糸でぬう。

(4) ( ) 天下統一

(5) ( ) 留任が決まる。

(6) ( ) 防犯用のカメラ。

(7) ( ) 先生の目に留まる。

2 □に当てはまる漢字を書きましょう。 1つ6〔72点〕

(1) す□□きな言葉。

(2) 五分□□□に着く。

(3) □□□な道具。

(4) 利益を□□□□する。

(5) 話が□□□□する。

(6) □□□が出ない。

(7) 手紙の□□□□。

(8) □□□から学ぶ。

(9) おまけが□□く。

(10) 試合に□□□□する。

(11) 本の□□□□。

(12) □□□を持つ。

答えは71ページ

かくにん
24

漢字を使おう6
言葉相談室
心情を表す言葉

教科書
197〜
199
ページ

月　　　日

10分

／100点

東書版・国語5年—50

1 □に合う漢字を書きましょう。 1つ10点〔40点〕

(1) ［　］［　］の女性

(3) 会長の［　］［　］の女性

(2) ［　］のみんなのわだい。

(4) ［　］の対策をする。

2 ——の言葉を漢字に、~~の言葉を漢字と送りがなに直して、文を書き直しましょう。 全問できて1つ10点〔20点〕

(1) ぶじにもくてきをはたす。

(2) かなしくてむねがつかえるようなことがおこった。

3 次の言葉につながる言葉を下から選んで、——で結びましょう。 1つ10点

(1) 妹は　　　　　　　　・　　　・ア 限りする。

(2) ほめられて　　　　　・　　　・イ がっくりする。

(3) 自分かってな言動に　・　　　・ウ むねがおどる。

(4) 場の空気が　　　　　・　　　・エ むねがいたむ。

きほん **25**

日本語と外国語
漢字を使おう7
季節の足音——冬

教科書 200〜209ページ

月　日

10分

/100点

1 ──の漢字の読みがなを書きましょう。 一つ7〔42点〕

(1) 父は植物博士だ。（　　　　　）
(2) 八重桜がさく。（　　　　　）
(3) 液体と固体。（　　　　　）

(4) 河原で遊ぶ。（　　　　　）
(5) 長い道程。（　　　　　）

(6) 武士道の精神。（　　　　　）

2 □に当てはまる漢字を書きましょう。 一つ5〔40点〕

(1) ［きん］らかなの持ち主。
(2) ［だいじん］に選ばれる。

(3) ［しお］で味をつける。
(4) ［かがわけん］のうどん。

(5) ［えひめけん］のみかん。
(6) ［とくしまけん］のすだち。

(7) ［きせつ］の変化。
(8) ［しょうみ］をつける。

3 （　）に当てはまる言葉を「が」・「を」・「に」から選んで、書きましょう。
両方できて一つ6〔18点〕

(1) わたし（　　）パン（　　）食べる。
(2) 雪（　　）校庭（　　）積もる。
(3) 家の前（　　）車（　　）一台止まっている。

答えはわ71ページ

かくにん 25

季節の言葉を使おう——冬
漢字 日本語と外国語

教科書 200～209ページ

月　日

10分　／100点

---

3 冬を表す言葉に、○を付けましょう。　1つ8[16点]

ア 落ち葉（　　）
イ 菜の花（　　）
ウ 天の川（　　）
エ 落花生（　　）
オ 残雪（　　）
カ 虹（　　）／木枯らし（　　）

---

2 ——の言葉を漢字に、～～の言葉を漢字とおくりがなに直して、文を書き直しましょう。全部できて1つ12[36点]

(1) せんしゅうかぞくみんなでおまいりにいったらおみくじがあたっている。

（　　　　　　　　　　　　　）

(2) おかあさんはけいさんがとくいでまちがえることなくすんでいるたいしたものだ。

（　　　　　　　　　　　　　）

(3) こんどかれにたずねたいことがいっぱいあるのにわすれてしまうかもしれない。

（　　　　　　　　　　　　　）

---

1 □に当てはまる漢字を書きましょう。　1つ12[48点]

(1)

やさしいきもちの木。

(2)

木はえきだ。

(3)

今□□の□。

(4)

さくしゃのことばだ。

いにしえの人のえがく世界

1 ──の漢字の読みがなを書きましょう。 1つ10〔60点〕

(1) 母に似合う。　(　　　)
(2) 女性の作品。　(　　　)
(3) 現代の考え方。　(　　　)

(4) 二つを比べる。　(　　　)
(5) 様子を述べる。　(　　　)
(6) 想像する。　(　　　)

2 次の説明に合う言葉をア〜コから選んで、記号で答えましょう。

1つ4〔40点〕

(1) 白む…夜が明けて(　　　)。
(2) たなびく…雲などが(　　　)。
(3) やみ夜…(　　　)暗い夜のこと。
(4) ほのかに…(　　　)様子。
(5) 山の端…遠くからながめた山の(　　　)部分。
(6) しみじみと…(　　　)様子。
(7) かなた…(　　　)場所・方向のこと。
(8) 言うまでもない…あれこれ言わなくても、(　　　)。
(9) 寒さがゆるむ…はげしい寒さが(　　　)。
(10) みっともない…(　　　)、よくない様子。

ア 分かりきっている　　イ 空に接する
ウ 空が明るくなる　　エ 空が明るくなる
オ 月のない　　カ 見た目が悪く
キ おだやかになる　　ク 遠くはなれた
ケ 横に長くただよう　　コ 心から深く感じる
すかに分かる

答えは71ページ

いつもの人のえがく世界

月　日

/100点　10分

1 □に当てはまる漢字を書きましょう。 1つ5〔40点〕

(1) 洋服が〔　　　〕にあう。

(2) 〔　　　〕の作者。

(3) 昔と〔　　　〕べる。

(4) 意見を〔　　　〕べる。

2 形に注意して、□に当てはまる漢字を書きましょう。 1つ8〔48点〕

(1) 顔が〔　　〕にうつる。

(1) 絵を〔　　〕る。

(1) 実を〔　　〕る。

(2) 〔　　〕人に〔　　〕上いて行く。

(2) 印を〔　　〕に残る。

(2) 則を〔　　〕守る。

3 枕草子の説明について、正しいほうに〇を付けましょう。 1つ6〔12点〕

(1) 枕草子は
ア（　　）清少納言が書いた。
イ（　　）兼好法師が書いた。

(2) 季節ごとに
ア（　　）まとまりのあること
イ（　　）ばらばらのこと
について書いてある。

「弱いロボット」だからできること

1 ——の漢字の読みがなを書きましょう。　一つ5(45点)

(1) 製品を作る。
(2) 特別な機能。
(3) 安全のけん証。

(4) 豊かなくらし。
(5) 取り囲む。
(6) 集団で行う。

(7) 過去の経験。
(8) 今年は豊作だ。
(9) 周囲を見回す。

2 次の言葉の意味を下から選んで、——で結びましょう。　一つ9(45点)

(1) さかん ・
(2) 特化 ・
(3) にんか ・
(4) けん証 ・
(5) 共存 ・

・ア しっかり調べて確にんすること。
・イ 二つ以上のものが同時に存在すること。
・ウ 特定の部分に重点を置くこと。
・エ 勢いがよい様子。
・オ 適当とみとめて許可すること。

3 上の漢字と下の漢字が似た意味になるように、 □ から □ に当てはまる漢字を選んで書きましょう。　一つ5(10点)

(1) □富
(2) □過

経　囲　証　豊

答えは71ページ

かくにん **27**

教科書 214〜226ページ

「ローマ字」だがらがいな?

月　日

/100点　10分

1 　　に当てはまる漢字を書きましょう。　1つ10[70点]

(1) 新しい ［せいひん］。

(2) ［べんり］な ［きかい］。

(3) 現場の ［けいけん］。

(4) ［ゆたか］な 自然。

(5) ［きけん］ を取りのぞく。

(6) ［しゅうだん］ での登校。

(7) ［けいけん］ を生かす。

2 　　に当てはまる同じ部首が入る漢字を書きましょう。（　）にはその部首名を書きましょう。　1つ5[20点]

(1) 合唱 □ に入る。

(2) 町を □□ する。

(3) 原 □ に □□ をもとめる。

部首名…（　　　）

---

3 （　）に当てはまる言葉をア〜ウから選んで、記号で答えましょう。　1つ10[10点]

打楽器にはたいこ、シンバル、トライアングルなど、（　）種類があります。

ア 具体的に

イ 民主的に

ウ 精神的に

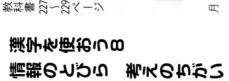

漢字を使おう8
情報のとびら　考えのちがい

1 ——の漢字の読みがなを書きましょう。　1つ4〔40点〕

(1) 正夢になる。　　（　　）

(2) 幹線道路の工事。　　（　　）

(3) 木の幹。　　（　　）

(4) 慣例にならう。　　（　　）

(5) 寒さに慣れる。　　（　　）

(6) 検査を受ける。　　（　　）

(7) 顔面を打つ。　　（　　）

(8) 関係の構築。　　（　　）

(9) 鉱脈の発見。　　（　　）

(10) 航海に出る。　　（　　）

2 □に当てはまる漢字を書きましょう。　1つ5〔60点〕

(1) □箱の□□□。（す／はこ／はこ）

(2) □□の□□□□□。（おう／さまざま）

(3) □□を通る。（かいだん）

(4) □□□をはめる。（ぐんて）

(5) □□□□□の講習。（しょしんしゃ）

(6) □□□が発生する。（こうがい）

(7) □□□を行う。（くんれん）

(8) □□□を組む。（たいれつ）

(9) 祭りに□□□する。（さんか）

(10) □□□をまく。（ほうたい）

答えは72ページ

かくにん **28**

情報のとびら 考えのちがい
漢字を使おう8

教科書 227〜229ページ

月　日

/100点

10分

---

1 □にあてはまる漢字を書きましょう。 一つ8〔48点〕

(1) □□ かんせい

(2) □□ となる。 れき

(3) 病院で □□ する。 けんさ

(4) □□ をはかる。 たいおん

(5) □□ を見つける。 へいきん

(6) 太平洋の □□。 いかだい

---

2 次の文のまちがって使われている漢字を正しく直して、文を書き直しましょう。全部できて一つ12〔24点〕

(1) 教官の号令に合わせて、いっせいに行動を起こす。

（　　　　　　　　　　　　　　　　　　　　）

(2) 一せいに電車に乗ったため、人とぶつかる事けんが起こり、文作点をふせて配る。

（　　　　　　　　　　　　　　　　　　　　）

---

3 次の考えに合う理由を下から選んで、——で結びましょう。 一つ7〔28点〕

考え＝今度の休みには行きたい。

(1) 動物園　　　・

(2) 遊園地　　　・

(3) キャンプ　　・

(4) 買い物　　　・

・ア　運動不足をかいしょうするため。

・イ　自然にふれられるから。

・ウ　世界各地の生き物が見られるから。

・エ　乗り物やアトラクションを楽しみたいから。

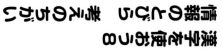

きほん **29**

どう考える? もしもの技術
方言と共通語
資料を見て考えたことを話そう
漢字を使おう9

教科書 230〜245ページ

月　日

10分 /100点

1 ——の漢字の読みがなを書きましょう。 1つ5〔45点〕

(1) 肉の消費期限。

(2) 過去の実績。

(3) 時間の設定。

(4) 居住地を移す。

(5) 手厚い保護。

(6) 暴力を禁止する。

(7) 友達を許す。

(8) 入場を許可する。

(9) 感謝の気持ち。

2 □に当てはまる漢字を書きましょう。 1つ5〔55点〕

(1) きかい が作動する。

(2) しょうてんがい で買う。

(3) ぶくおかけん のラーメン。

(4) や き物の展示。

(5) みやぎけん のタンゴー。

(6) おきなわけん の青い空。

(7) とおあさ の海。

(8) ながさきけん の島々。

(9) かごしまけん

(10) くまもとけん の火山。

(11) さがけん のこちゃ。

59—東書版・国語5年

答えは72ページ

かくにん 29

教科書 230〜245ページ

漢字を使おう9　方言と共通語　調べたことをしょうかいする技術
資料を見て考える・

月　日
/100点
10分

---

1 □に当てはまる漢字を書きましょう。　1つ12点[48点]

(1) ［□□□］

(2) ［□□］をとり上げる。

(3) ［□□］の［□□］。

(4) ［□□］が変わる。

---

2 方言について述べたものには〇を、共通語について述べたものには□を〔 〕に書きましょう。　1つ10点[30点]

(1)
ア〔 　 〕　その地域に住む人たちの生活に結びついて使われてきた言葉で、それぞれの地域の人々に通じる言葉です。

イ〔 　 〕

(2) 方言と共通語は、それぞれ

共通語
ア〔 　 〕ア（　　 ）
イ〔 　 〕イ（全国的　）

方言
ア（伝統的　）
イ（限定的　）

に使われている言葉です。

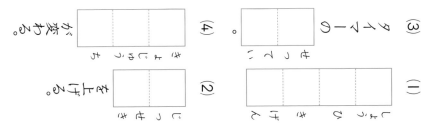

---

3 （ ）に当てはまる言葉をあとから選んで、記号で答えましょう。　1つ11点[22点]

(1) （ 　 ）
(2) （ 　 ）

ア　でも、安いし確かに行けるけど、……（ 　 ）。

イ　品質は悪いとはいえませんが、大人四人で行くとなると……（ 　 ）。

ウ　しかし、品質も良いとは考える人もいますが（ 　 ）。

エ　安くて良いと思います。

きほん
30

教科書 246〜262ページ

月　日

てづかおさむ
手塚治虫

10分

/100点

1 ——の漢字の読みがなを書きましょう。 一つ8〔48点〕

（　　　　）　　　（　　　　）　　　（　　　　）
(1) 昆虫採集をする。　(2) 人の評判。　(3) 学校の授業。

（　　　　）　　　（　　　　）　　　（　　　　）
(4) 戦いに備える。　(5) 宿舎にとまる。　(6) 演劇を見る。

2 次の言葉の意味をア〜オから選んで、記号で答えましょう。
一つ8〔40点〕

(1) 創造（　　）　(2) 生涯（　　）　(3) 回覧（　　）

(4) 覚悟（　　）　(5) 採用（　　）

　ア 心構えをすること。
　イ 生きている間。一生。
　ウ 順番に回して見ること。
　エ これまでにないことを新たにつくり出すこと。
　オ 人や意見、方法などを選んでとり入れること。

3 （　）に当てはまる言葉をあとから選んで、記号で答えましょう。
一つ4〔12点〕

(1) 弟は、（　　）このプレゼントを喜ぶだろう。
　ア すっかり　　イ 全く　　ウ きっと

(2) 遠足でたくさん歩いて（　　）つかれる。
　ア くたくたに　　イ こそこそと　　ウ ぐるぐると

(3) 長い冬が終わり（　　）春がおとずれた。
　ア ひたすら　　イ ようやく　　ウ やっぱり

答えは
72ページ

東書版・国語5年・62

かくにん
30
手塚治虫（てづかおさむ）

教科書
246〜262ページ

月　日
/100点
10分

1 □に当てはまる漢字を書きましょう。　1つ10[60点]

(1) 植物の□□。

(2) □□が□い。

(3) □□を受ける。

(4) □□に□える。

(5) 新しい□□。

(6) 劇を□じる。

2 □に当てはまる、同じ読み方の漢字を書きましょう。　1つ10[20点]

(1) クラスで決を□る。

(2) 服のごみを□る。

3 ──の言葉の使い方が正しいほうに、○を付けましょう。　1つ5[20点]

(1)
ア（　）成績がよかったので、親に大目玉をくらった。
イ（　）... 大目に見てもらえた。

(2)
ア（　）飛行機の発表を聞いて、飛び上がってよろこんだ。
イ（　）飛行機の発表が見られるのを、飛び上がって待った。

(3)
ア（　）大好きな焼き肉を、歯が立たないほど食べた。
イ（　）歯が立たないほどかたい肉を食べた。

(4)
ア（　）苦手な大なわとびを見て、まねいてくれた。
イ（　）勇気をふりしぼって、苦手な大なわとびを練習した。

漢字を使おう10
わたしの文章見本帳

月　日　　10分　／100点

1 ――の漢字の読みがなを書きましょう。　1つ4〔40点〕

(1) 消費税の計算。
(2) お菓子の余り。
(3) 素質を見ぬく。
(4) 父の財産。
(5) 広い貯水池。
(6) 社を建てる。
(7) 布を切る。
(8) 組織に加わる。
(9) 報告文を書く。
(10) 選手を務める。

2 □に当てはまる漢字を書きましょう。　1つ4〔60点〕

(1) そつぎょう する。
(2) とりまく／おぼ える。
(3) ざんねん な結果。
(4) なかま と はたら く。
(5) せつきょうてき な人。
(6) さいねん の しけん。
(7) むかし の話。
(8) しはい の はんせい。
(9) かた い決意。
(10) せいこう を はか う。

かくにん 31

漢字を使おう10
わたしの文章見本帳

東書版・国語5年—64

教科書 263〜267ページ

月　日

10分　/100点

① □に当てはまる漢字を書きましょう。　1つ5点【30点】

(5) □□の水。（ちきゅう）

(6) □の切れはし。（ぬの）

(3) 選手の□しがる。

(4) □を残す。

(1) □□しましょう。

(2) 食材の□り。（あま）

② 形に注意して、□に当てはまる漢字を書きましょう。　1つ5点【20点】

(1) 料理のうでが□□する。

(2) □□な人生。

③ 次の言葉についての説明をア〜エから選んで、記号で答えましょう。　1つ10点【20点】

(1) 報告文　（　　）

(2) 感想文　（　　）

ア 自分が調べて分かった言葉を使い、ある物事について伝える文章。

イ リズムの…

ウ 作者の設定した言葉を使い、自由な形式で書き表した文章。

エ 読んで分かったことや、自分が活動していく中で感じたこと、体験したことを書き表したもの。

1 3・4ページ

1 (1)たし (2)しゅっけん
  (3)こうい (4)かく (5)よ
  (6)ふくすう (7)みょうじ

2 (1)ウ (2)ア (3)オ (4)エ (5)イ

3 (1)ア (2)イ (3)ア

★ ★ ★

1 (1)確 (2)出現 (3)一個 (4)複数

2 (1)表→現 (2)固→個
  (3)副→複 (4)各→確

3 (1)イ (2)オ (3)エ (4)ウ (5)ア

2 5・6ページ

1 (1)ぜつく (2)ゆめ (3)ひさ
  (4)しんじょう (5)そうぞう
  (6)むちゅう (7)じきゅうそう
  (8)なさ

2 (1)十三 (2)十四

3 (1)ア (2)ウ (3)イ (4)カ (5)エ
  (6)オ (7)キ

★ ★ ★

1 (1)絶句 (2)夢 (3)久 (4)心情
  (5)想像

2 (1)確かめる (2)現れる
  (3)絶やす

3 (1)ぜつぜつ (2)うっかり
  (3)ますます (4)むしろ

3 7・8ページ

1 (1)そうえき (2)さかい
  (3)きゅうか (4)せっきゅうかん
  (5)えこせい (6)がんきゅう
  (7)すく (8)きゅうきゅうしゃ
  (9)ていし

2 (1)週末 (2)欠席 (3)方法 (4)必要
  (5)入浴 (6)冷 (7)特別 (8)治

3 (1)ふ (2)ま

★ ★ ★

1 (1)増益 (2)境界 (3)正義感
  (4)衛生 (5)救 (6)停止

2 (1)衣類を各自で管理する。
  (2)健康に関心を持って、運動を続ける。
  (3)野菜が多い栄養のある飯。

3 (1)街 (2)衛

11·12ページ 5

❸ (1)イ (2)ア (3)イ (4)ア (5)ア

❷ (1)総合 (2)内容 (3)質問 (4)移 (5)得

❶ (1)総 (2)得 (3)際 (4)移

★ ★ ★

❸ (1)イ (2)ウ (3)ア (4)イ (5)ウ

❷ (1)え (2)こ (3)いも (4)し (5)なつ (6)かんこ

9·10ページ 4

❶ (1)応 (2)現在 (3)資料 (4)調査 (5)情報

❷ (1)応 (2)資料 (3)報

❸ 順序(じょ) (1)句 (2)報 (3)応答 (4)試

★ ★ ★

❸ (1)ウ (2)ア (3)イ (4)エ

❷ (1)応用 (2)現在 (3)資金 (4)速報

❶ (1)おうとう (2)げんざい (3)しりょう (4)ちょうさ (5)じょうほう (6)げんざい

15·16ページ 7

❸ (1)原因 (2)興味 (3)過 (4)性 (5)直接

❷ ウ / ア過去 / イ接続 / (3)災害 (4)救助

変化したら、その見方が
集めたりして
(2)先生は持ち寄る
国語の宿題を
食べ物に
(3)にして

❸ (1)イ (2)エ (3)ウ (4)ウ

❷ (1)けん (2)きょうみ (3)か (4)せいしつ (5)ちょくせつ (6)かこ (7)せつ (8)す

13·14ページ 6

❸ (1)イ (2)ウ (3)ア

❷ (1)際 (2)混 (3)混 (4)満 (5)検

❶ (1)災害 (2)所属 (3)飛行士 (4)検 (5)際

★ ★ ★

❸ (1)ま (2)ん (3)ま

❷ (1)ア (2)ウ (3)エ (4)ク (5)キ (6)オ

❶ (1)さいがい (2)しょぞく (3)ひこうし (4)けん (5)ぞく (6)まんぞく

① (1)しめ (2)しじ (3)きんし
(4)ぎゃったん (5)きざみ
(6)どくしょう (7)こいろよ
(8)こしき
② (1)牧場 (2)灯台 (3)連 (4)不思議
(5)自然 (6)漁 (7)民芸品 (8)材料
(9)無人島 (10)郡 (11)宮城県 (12)労力
★★★
❶ (1)示 (2)禁止 (3)雑談 (4)酸味
(5)独唱 (6)快晴 (7)意識
❷ (順序なし)課→貨 低→底
皮→飛
❸ (1)イ (2)ア (3)ア (4)イ

① (1)せいけつ (2)たくひ
(3)たこう (4)せいしん
(5)しゅっぱん (6)くら
② (1)イ (2)ウ (3)ア (4)エ (5)ア
(6)ウ (7)ア (8)エ (9)イ
③ (1)交・こう (2)青・せい
(3)反・はん (4)果・か
(5)求・きゅう
★★★
❶ (1)清潔 (2)対比 (3)大河
(4)精神 (5)出版
❷ (1)ア (2)エ (3)ウ (4)イ
❸ (1)息 (2)加 (3)明 (4)習

① (1)こきお (2)お (3)きいふうん
(4)えこえん (5)こし (6)てんせい
(7)しき (8)が
② (1)いいちぎり (2)いいちぎし
③ (1)ア (2)イ (3)イ (4)ア
★★★
❶ (1)勢 (2)織 (3)紀行文
(4)永遠 (5)意志
❷ (1)①織 ②識 (2)①紀 ②記
(3)①志 ②士
❸ (1)ウ (2)ア (3)イ

① (1)きし (2)よろい
(3)きんせい (4)しょくば (5)まか
(6)にんめい
② (1)ア (2)イ
③ (1)イ (2)ア (3)ア (4)ウ (5)ウ
★★★
❶ (1)歴史 (2)喜 (3)賛成 (4)職場
(5)任
❷ (1)ア (2)イ (3)イ (4)ア
❸ (1)ウ (2)イ (3)エ (4)ア

13 27・28ページ

1
(1)はんだん
(2)そくてい
(3)かてい
(4)じょうけん
(5)はんだん

★ ★ ★

2
(1)五
(2)三
(3)三
(4)四
(5)十
(6)はかり
(7)たいど
(8)おうじ
(9)がか

3
(1)植物
(2)市長
(3)発表会で観察の選挙の投票へ向かう
(2)招待状
(3)殺
(4)態度

1
(1)息子
(2)使って記録を残す
(3)意
(3)表会で観察の結果を選ぶ。

★ ★ ★

2
(1)ほか
(2)英語
(3)半径
(4)合唱
(5)一兆円
(6)事
(7)紙種
(8)選挙
(9)順番
(10)億
(11)徒競走
(12)代名
(13)給食
(14)芽

1
(1)はか
(2)ぞうに
(3)じゅんばん
(4)そう
(5)たいど
(6)はかり

12 25・26ページ

12 25・26ページ

---

15 31・32ページ

3
(1)修める
(2)治める
(3)修
(4)適切
(5)印象
(6)基本
(7)減

★ ★ ★

1
(1)修める
(2)治める
(3)順序
(4)解決
(5)増・減
(6)集・解

2
(1)エ
(2)ウ
(3)ア
(4)イ

3
(1)減少
(2)増
(3)ウ
(4)イ

1
(1)しゅうせい
(2)ほんあん
(3)げんしょう
(4)ほけん

14 29・30ページ

3
(1)オ・エ・イ

2
(1)エ
(2)イ
(3)ウ
(4)ア
(5)ウ

1
(1)ね
(2)か

3
(1)ウ
(2)ウ

2
(1)場
(2)集
(3)事
(4)故

1
(1)政治
(2)近
(3)平均
(4)編
(5)常
(6)平均
(7)朝刊
(8)事件

1
(1)かか
(2)せいじ
(3)つね
(4)かん
(5)へいきん
(6)あさ
(7)ちか
(8)じ
(9)あ

16 33・34ページ

1 (1)しか (2)そうがく (3)か (4)まず (5)びん (6)きじん (7)はかまい (8)ぼち (9)せんぞ (10)まよ (11)まごい (12)じゅうこ (13)の (14)ひたい

2 (1)新潟県 (2)栃木県 (3)茨城県 (4)静岡県 (5)愛知県 (6)岐阜県 (7)群馬県 (8)埼玉県

★ ★ ★

1 (1)資格 (2)総額 (3)賃 (4)貧 (5)基準 (6)墓参 (7)先祖 (8)迷

2 (1)神奈川県の倉庫は観光地になっています。 (2)富山県や福井県をふくむ北陸地方。 (3)山梨県はぶどうの生産地として有名です。

17 35・36ページ

1 (1)そんがい (2)せいようづく (3)よ (4)めがね (5)ひじょう (6)そうか (7)せっちゅう

2 (1)キ (2)カ (3)イ (4)ウ (5)エ (6)ア (7)オ

3 (1)ア (2)ウ (3)イ

★ ★ ★

1 (1)損害 (2)西洋造 (3)寄 (4)非常 (5)眼鏡

2 (1)①造 ②過 (2)①打 ②損

3 (1)イ (2)ア

18 37・38ページ

1 (1)ぼう (2)どく (3)せきにん (4)やぶ (5)えだ (6)し (7)ぶ (8)せ

2 (1)①作 ②造 (2)①敗 ②破

3 (1)イ (2)ウ (3)エ (4)オ (5)ア

★ ★ ★

1 (1)予防 (2)毒 (3)責任 (4)破 (5)枝 (6)師

2 (1)イ・非 (2)ウ・責

3 (1)イ (2)オ (3)エ (4)ウ (5)ア

19 39・40ページ

1 (1)あつりょく (2)こくえい (3)か (4)せいど (5)しんまい (6)ひりょう (7)きゅうしき (8)ぎゃくせつ

2 (1)望遠鏡 (2)兵庫県 (3)奈良県 (4)博物館 (5)梅 (6)生産量 (7)大阪府 (8)満員 (9)京都府 (10)散歩 (11)案内 (12)建物

★ ★ ★

1 (1)圧力 (2)国営 (3)価 (4)制度 (5)肥料 (6)旧式 (7)逆接

2 日本最大の湖がある滋賀県の風景。

3 (1)イ (2)イ

２１ 43・44ページ

❸
- (2) ア 機械
- (1) イ 機会

❷
- (1) 保健
- (2) 保険

❶
- (1) 保護
- (2) 夫妻
- (3) 往復
- (4) 耕具
- (5) 受講
- (6) 罪
- (7) 不燃

★ ★ ★

❸
- (1) 順序
- (2) (な)わ・ぎ・か・ず・よ(し)・き(て)

❷
- (1) たん
- (2) ぶ
- (3) りゃく
- (4) エ
- (5) カ
- (6) オ

❶
- (1) ほ
- (2) へい
- (3) おう
- (4) へん
- (5) ちこく
- (6) じこく
- (7) ねん
- (8) たい
- (9) じょう
- (10) へいこう
- (12) もう

２０ 41・42ページ

❸ ウ・カ
- (3) 生まれ・結び付く
- (4) 移す・変わる

❷
- (1) 効果的
- (2) へる
- (3) 木型
- (4) 輸入
- (5) 伝統的
- (6) 粉
- (7) 再発見
- (8) 技術
- (9) 支配的
- (10) 限

★ ★ ★

❸
- (1) ア
- (2) ウ
- (3) イ
- (4) エ

❷
- (1) ウ
- (2) イ
- (3) ア
- (4) エ

❶
- (1) ぎ
- (2) ゆにゅう
- (3) こな
- (4) げん
- (5) はっけん
- (6) ゆ
- (7) ぎじゅつ
- (8) ねんど
- (9) がた
- (10) でんとうてき
- (11) こうかてき
- (12) ささ

２３ 47・48ページ

❸
- １ 帳

❷
- (1) 長々
- (2) (堂々)
- (3) 張

❶
- (1) 率
- (2) 頭領
- (3) 張
- (4) 指導
- (5) 略
- (6) 飼領
- (7) 花弁
- (8) 計

★ ★ ★

❸
- (1) ア
- (2) ウ
- (3) イ
- (4) エ

❷
- (1) カ
- (2) ウ
- (3) ア
- (4) エ

❶
- (1) き
- (2) ひき
- (3) とう
- (4) りつ
- (5) け
- (6) ひきい
- (7) ちょう
- (8) びへん
- (9) みちび
- (10) しちょう
- (3) か
- (6) は

２２ 45・46ページ

❸
- (1) チ
- (2) ラン
- (3) ホテル
- (4) 旅館

❷
- (1) 則
- (2) 測
- (3) 昼食
- (4) 銅

❶
- (1) 易
- (2) 規則
- (3) 桜
- (4) 銅
- (5) 提案
- (6) 貿易

★ ★ ★

❸ イ
- (1) ソ
- (2) ジ
- (3) ス
- (4) テ

❷
- (1) 順序(な)
- (2) 国家・教室・空室・青空・川・歩・書・読書
- ロー・ピー・ヘー・ヤー・ト

❶
- (1) こく
- (2) ほ
- (3) き
- (4) あん
- (5) ほう
- (6) よ
- (7) えき

24　49・50ページ

1 (1)のうふ (2)わた (3)めんし (4)てんかどうつ (5)りゅうにん (6)ほうはん (7)と

2 (1)好 (2)以内 (3)便利 (4)追求 (5)完結 (6)勇気 (7)印刷 (8)用例 (9)付 (10)熱中 (11)副題 (12)自信

★　★　★

1 (1)農耕 (2)綿 (3)留任 (4)防犯

2 (1)物語に共感して泣く。
(2)課題に取り組むために、国語辞典を借りるとよいと、司書の先生から聞いた。

3 (1)イ (2)ウ (3)エ (4)ア

25　51・52ページ

1 (1)しまぐうはかせ (2)やえざくら (3)えきたい (4)かわら (5)どうてい (6)ぶしどう

2 (1)清 (2)大臣 (3)塩 (4)香川県 (5)愛媛県 (6)徳島県 (7)季節 (8)照明

3 (1)が・を (2)が・に (3)に・が

★　★　★

1 (1)八重桜 (2)液体 (3)道程 (4)武士道

2 (1)戦争が起きないように折り鶴に願いをこめる。
(2)岡山県にはももたろうの伝説が伝わる。
(3)日本海側と太平洋側では気候に変化が見られる。

3 ウ・エ

26　53・54ページ

1 (1)にあ (2)じせい (3)けんだか (4)くらべ (5)の (6)ぞうぞう

2 (1)エ (2)キ (3)ウ (4)ケ (5)イ (6)コ (7)ア (8)ア (9)オ (10)カ

★　★　★

1 (1)似合 (2)女性 (3)比 (4)述

2 (1)①似 ②以 (2)①像 ②象 (3)①現 ②規

3 (1)ア (2)ア

27　55・56ページ

1 (1)せこうにん (2)きのう (3)しょう (4)ゆたか (5)かこ (6)しゅうだん (7)けっけん (8)ほうさく (9)しゅうこう

2 (1)エ (2)ウ (3)オ (4)ア (5)イ

3 (1)豊 (2)経

★　★　★

1 (1)製品 (2)機能 (3)証 (4)豊 (5)囲 (6)集団 (7)経験

2 (1)団 (2)囲 (3)因
部首名…くにがまえ

3 ア

29 59・60ページ

1
(1)消費 (2)期限 (3)設定
(4)居住地

2
(1)ア (2)ア・イ

3
(1)イ (2)ウ

★ ★ ★

2
(1)まわ (2)がい (3)せい (4)ひび (5)じょう (6)かり (7)じゅうしょ
(8)しょうか

1
(4)焼 (5)商店街 (6)沖縄県 (7)遠浅
(8)長崎県 (9)鹿児島県 (10)熊本県
(11)佐賀県 (2)機械 (3)福岡県

3
(1)ウ (2)イ (3)エ (4)ア

2
(1)幹の号令に合わせて航海調査をする。
(2)数輪官の合図に乗って

1
(1)構線 (2)順例 (3)検査
(4)幹 (5)鉱脈 (6)航海
(7)事手 (8)隊列 (9)参加 (10)包帯

★ ★ ★

2
(1)ゆ (2)あ (3)かい (4)かた (5)し (6)こ (7)きん (8)ただ (9)け
(10)みん

1
(1)主 (2)改札 (3)協力 (4)配置 (5)初 (6)公告 (7)夫 (8)者

28 57・58ページ

30 61・62ページ

1
(1)採集 (2)宿舎 (3)接業 (4)備
(5)採集

2
(1)ア (2)ア (3)ウ (4)イ

3
(1)ウ (2)エ (3)ウ (4)ア (5)オ

★ ★ ★

3
(1)イ (2)ア

2
(1)宿舎 (2)評判 (3)接業 (4)備 (5)採集 (6)取演

1
(1)じょう (2)ひ (3)しゅう (4)な (5)よ (6)そ

31 63・64ページ

1
(1)消費 (2)余 (3)素質 (4)財産
(5)貯 (6)布 (7)祝

2
(1)達 (2)幸

3
(1)ウ (2)エ

★ ★ ★

2
(1)ぎ (2)しょ (3)ほ (4)えい (5)ち (6)はく (7)ぬ (8)あま (9)すい (10)の

1
(1)失敗・反省 (2)努力 (3)残念
(4)卒業 (5)感覚 (6)仲間 (7)未来
(8)呼び (9)試験 (10)積極的
成功・祝

3 2 1 0 9 8 7 6 5 4
* * * D C B A